मन का रिश्ता

नीता शुक्ला (बावरी जोगन)

क्रम-सूची

क्रम-सूची

क्रम-सूची

प्रकाशन के बारे में

वड्र्स ऑफ सोल एक राइटिंग कम्युनिटी है, जहां हमारे पास नए नवोदित लेखकों का एक समूह है, जो भावनाओं को शब्दों में ढालने की अपनी प्रतिभा के साथ हैं।

उत्साही लेखकों को प्रोत्साहित करने और उनकी सराहना करने के लिए 15 मई 2021 को डॉ. निकिता दुदागी और लकी पांडे द्वारा गठित समुदाय के सर्वश्रेष्ठ लेखक को पहचानने के लिए साप्ताहिक विशेष कार्यक्रम और कार्यक्रम आयोजित किए जा रहे हैं। वड्र्स ऑफ सोल, महत्वाकांक्षी लेखकों का एक समूह जो पाठक के मन को प्रेरित करने के लिए अपने दिल की भावनाओं को स्याही करता है।

वड्र्स ऑफ सोल पब्लिकेशन केवल एक प्रकाशन नहीं है, यह लेखकों का एक प्रकार का परिवार है जिसमें सह-लेखक, लेखक, लेखक, संकलक, सह-संकलक, ग्राफिक टीम, परियोजना प्रमुख, सीईओ, सह-संस्थापक और संस्थापक शामिल हैं। यहां हर कोई अपने विचार देने के लिए स्वतंत्र है

और हम उनके कार्यों की पहल करते हैं....

प्रस्तावना

रिश्ते मनुष्य के जीवन में बहुत ही महत्वपूर्ण भूमिका निभाते हैं.... रिश्ते हमें त्याग करना सिखाते हैं, प्रेम करना सीखते हैं और एक दुसरे के दुखो में भी शामिल होने के लिए प्रेरित करते हैं.....

इसलिए हमें हर रिश्ते की कदर करनी चाहिए....बहुत कम ही लोग होते है जिन्हें प्यार सम्मान और अपनेपन के साथ कोई रिश्ता मिलता है वो होता है मन का रिश्ता।

क्या मन का रिश्ता गलत है?

मन के रिश्ते के लिए कोई तय उम्र बनी है?

क्या एक उम्र के बाद या शादी के बाद प्रेम गलत है?

तो मेरा जवाब है, नहीं...... यह कहीं से गलत नहीं है।

मैं नहीं मानती कि प्रेम का कोई भी स्वरूप ग़लत हो सकता है। ये रिश्ते-नाते, बंधन और नियम-कानून सब इंसानों के बनाये हुए हैं मगर प्रेम नहीं।

प्रेम ईश्वर का बनाया सबसे पवित्र भाव है। जो हमें पूर्णता की और ले जाता है।

वैसे भी आप और हम कौन होते हैं ये तय करने वाले की प्रेम का ये स्वरूप जायज़ है और ये नाज़ायज़?

कहां और, किस ग्रंथ या किताब में ये नियम लिखे गए हैं कि फलां उम्र के बाद आप प्रेम में नहीं पड़ सकते या शादी हो जाने के बाद आपके मन में किसी और के लिए 'प्रेम' की भावना नहीं जन्मेगी?

लोग अक्सर कहते हैं कि फलां 'शादी-शुदा' होते हुए भी किसी और से प्यार करने लगा/करने लगी।

मुझे कोई ये समझाओ कि क्या शादी का मतलब मन में उठने वाली तमाम तरह के भावनाओं का समाप्त हो जाना है या सारे आकर्षण सब मोह-माया से परे हो जाना है?

जो रिश्ता कागज पर बना है मुझे लगता है कि उससे कई गुना ज्यादा मजबूत किसी के मन का रिश्ता होता है। पिछले किताब मे मैने केवल मन मे चल रहे प्रेम के भाव और मन की पीड़ा लिखी थी इस किताब मे मन का रिश्ता क्या होता है बस यही बताना चाह रही हू।

पावती (स्वीकृति)

मै सर्व प्रथम अपने प्रभू श्री राम को धन्यवाद देना चाहूंगी। जिन्होंने मुझे ये जीवन दिया। राम भक्त होना मेरे लिए गर्व की बात है साथ ही हिन्दुत्व के खिलाफ उठने वाली आवाजों से लड़ना मुझे मेरा धर्म लगता है।मै एक धन्यवाद दूँगी अपने गुरू श्री अरुण सिंघ सर को जिन्होंने मुझे कलम का महत्व बताया। जिन्होने हमेशा हमें मुश्किलों से डटकर लड़ना सिखाया और किसी भी क्षेत्र मे आगे बढ़ने के लिए अग्रसर रहना सिखाया।आभार मेरी सासु मां का जिन्होंने मुझे पूरा सहयोग किया यह लिखने मे जबकि वो जानती भी नही थी की लिखना क्या होता है।

एक धन्यवाद अपने जीवनसाथी को भी जिन्होंने मुझे हौसला दिया। धन्यवाद् मेरे माता पिता एवं भाईयो को भी जिन्होने मेरा हौसला बढ़ाया।

एक आभार तिवारी जी का जिनके बगैर यह मुनासिब नही था, एक तो उन्होने राह दिखाई और दूसरा आगे बढ़ने का प्रोत्साहन और सहयोग दिया।साथ ही मै अपने मित्रों के प्रोत्साहन की सदा आभारी रहूंगी।और इस संग्रह को प्रकाशित करने के लिए Words Of Soul पब्लिकेशन और उससे जुड़े सभी सदस्यों का धन्यवाद देना चाहूंगी।मै अपने पाठको को हृदय से आभार व्यक्त करना चाहूंगी जो अपना अमूल्य समय देकर मेरी इस पुस्तक को पढेंगे।

मेरी इस पुस्तक स्वरचित रचनाएं है जो मैने आज के दौर के अनुसार लिखी है...ये रचनाएं मेरी अपनी सोच है मेरी इच्छा है।

लेखनी जगत मे मै कुछ बड़ा करना चाहतीं हूँ इसलिए आप सभी पाठको को दिल से धन्यवाद मेरा हौसला बढ़ाने के लिए आप सभी मेरा ऐसा ही साथ देते रहे ताकि मै और भी आगे बढ सकूँ।

 1. लेखिका के बारे में

इनका नाम नीता शुक्ला है। ये 35 वर्षीय गृहणी है। इनका जन्म 24/8/1987 मे मुम्बई मे हुआ था।

ये मुम्बई मे पली-बड़ी है। इन्हे लिखने का शौक तो स्कूल के समय से ही था, पर सपने नही देखती थी की कभी मेरी भी किताब छपेगी या लेखनी जगत मे कभी इतना आगे बढ़ेंगी, क्योकी सपने देखने के उम्र मे ही ब्याह हो गया। पढ़ाई छूटी, मुम्बई छूटा तो साथ ही साथ लिखने का शौक भी छूटने लगा। ब्याह के बाद ये गांव ही रहने लग गई।

गांव बहुत ही पिछड़ा होने के कारण "लिखना" या लेखक/लेखिका क्या होता है किसी को पता ही नही।

फिर इनकी दुनिया बस इनके बच्चो और सास ससुर तक ही सिमित रह गई।बच्चे कुछ बड़े हुए तो फिर वक्त के साथ साथ इन्होने दोबारा लिखना शुरू किया। ख्वाहिश है कि बेटी को आसमां से भी ऊंचा देखने की। और बेटियों के प्रति समाज मे बदलाव की। पहले ये अपनी रचनाएँ एक डायरी मे लिखा करती थी,फिर धीरे धीरे फेसबुक पटल पर लिखना शुरू किया और आज 100 से अधिक रचनाएँ लिख चुकी है । और इसी फेसबुक पटल से ही लोग इन्हे "बावरी जोगन" के नाम से जानने लगे। और आज इनकी रचनाएँ और कविताएँ your quote,Instagram और फेसबुक लिखी जाती है साथ ही साथ सैकड़ो से अधिक साझा संकलन मे ये अपनी रचनाएं दे चुकी हूँ। कुछ समय पहले इनकी एक किताब भी छपी "ख्वाहिशे मन की"।

इनको प्रेम,विरह,वेदनाएं और मन की बात लिखने का बहुत शौक है। लिखने के साथ साथ इन्हे किताबे पढने का भी बहुत शौक रहा है।

सामाजिक कार्य मे इनको समाज सेवा और गरीबों की मदद करना बहुत अच्छा लगता है। इच्छा है की खूब पैसे कमा कर एक वृद्धाश्रम खोले ताकी जितने बुजुर्ग हो सके उतने बुजुर्गों की सेवा कर सकूँ।

लेखनी जगत मे कुछ बड़ा करने की चाह रखती है साथ ही सबके "मन" की खुशी चाहती।

2. कैसे कहूँ कि तुम मेरे क्या हो.....?

ये जताने के लिए ये शब्दावली कम पड़ जाएगी शायद.....बस मेरी खामोशी सुनो तो समझ जाओगे की तुम क्या हो।

जानते हो पहले जब भी मै उदास होती थी न.... तो खूब रोती थी....पर अब नही रोती....तुमसे सारी बाते कह कर मन हल्का कर लेती हूँ। बहुत भाग्यशाली हू जो तुम मुझे सुनते हो.....वरना आज के दौर मे तो लोगो को बस शारीरिक या आर्थिक रिश्ते मे ही दिलचस्पी है।

तुमने कभी ऐसी कोई बात नही कही मुझसे जो मुझे बुरी लग जाए.....सच तुम इतने अच्छे कैसे हो सकते हो।

कल तुम्हारी बाते सुनकर मै और भी भावुक हो गई थी.....मेरी उदासी से तुम्हे कितनी तकलीफ हो रही है इसका दर्द तुम्हारी आवाज मे साफ झलक रहा था....जानती हूँ तुम मेरे कभी नही हो सकते पर इसका गुमान भी है की तुम सिर्फ मेरे हो।

चाहती हूँ तुम्हारे साथ इक रिश्ता रखना जिसका कोई नाम न हो.....ऐसा प्रेम जिसका कोई अंत न हो.....ऐसा साथ जो कभी खत्म न हो।

सुनो न....बन जाओ न मेरे....एक रिश्ते के रूप मे....जिसको सबकी नजरो से छुपा कर रखूंगी....ताकि किसी की नजर न लगे....दे दो न एक चुटकी सिंदूर तोहफे मे मुझे....क्या पता कल का क्या होगा....चलो न आज जी लेते है।

3. अनोखे पुरुष....

कुछ पुरुष कितने अनोखे होते हैं न....
वो आपकी मांग तो नही भरते.... पर हां आपके जीवन के खालीपन
को जरूर भर देते है.....
वो आपको मंगलसूत्र तो नही पहना सकते....परंतु आपको एक ऐसे
सूत्र मे बांध लेंगे जहा खुशियाँ ही खुशियाँ हो....
वो आपको ऐसे संभालते हैं.... मानो नया जन्म हुआ हो तुम्हारा.....
वो समाज के सामने तो नही आते कभी....पर आपको समाज से
लड़ने की ताकत जरूर देते है....
वो ना तो झूठे वादे करते है ना ही झूठी कसमे....
जो पुरुष आज की दुनिया मे आपको प्रेम का महत्व समझा
दे.....उसको केवल प्रेम नही करना चाहिए....उसे पूजना भी
चाहिए....
पूजना कोई गलत नही....प्रेम मे पूजना और उसे पवित्रता के साथ
निभाना....कभी गलत हो ही नही सकता....
तुम मिल गए हो मुझे....बस साथ तुम्हारे चलना है !!

4. अगर तुम न होते.....

जानते हो....मुझे तुमसे कुछ भी कहते हुए....बिलकुल भी झिझक
नही होती....

वैसे भी.... एक औरत तो बस....इतना ही चाहती है न कि....

कोई उसे सुने...उसे समझे....उसके मन मे क्या है....जाने....और
उसे एहमियत दे.....

तुम क्या हो मेरे लिए तुम नही जानते....

तुमसे बाते करते वक्त मुझे लगता है कि.... मै एक आईने से बात
कर रही हूँ....

अच्छा लगता है जब....तुम खामोश होकर मेरी सारी बातें सुनते
हो....और समझते हो...

न जाने कितनी बार.... मै अपनी बाते दोहराती हूँ.... बक बक
करती हूँ...

तुम पर चिल्लाती हूँ.... हक जताती हूँ....परेशान करती हूँ ..

और फिर जब..... तुम मेरी हर बात को मौन सहमति देते
हुए....हल्का सा मुसकुरा देते हो न....तब मुझे ग्रवित होने का
एहसास होता है....!!

5. चाहत

चाहती तो हूँ की .... हर वक्त तुम्हारे साथ रहूं.... हर वक्त तुम्हारे पास रहूँ....मगर ये मुमकिन नही.....तो अच्छा है कि यहीं से सारी बात कहूँ.....

जानते हो तुम थोड़े अकड़....थोड़े खड़ूस.... थोड़े गुसैल हो.....पर इन सब के बावजूद तुम बहुत पसंद हो मुझे....क्योंकि तुम बहुत प्यारे हो.....तुम्हे पाना मेरे हक मे नही है....वरना कब का तुमको दुनिया से चुरा चुकी होती.....और सब ढूंढते रह जाते......

तुम्हारे अंदर एक कमी है तुम अपनी बातों से किसी का भी दिल जीत के कोई भी रिश्ता बना लेते हो और उसे निभाते भी हो पूरी ईमानदारी से

बस तुम्हे जताना नही आता.....

रिश्ते निभाने के साथ साथ उसका एहसास दिलवाना भी बहुत जरूरी होता है बाबु??

चाहती हूँ तुम्हारे साथ इक दुनिया बसाना.....जिस मे केवल तुम और मै रहूँ.... वहां मै तुमको दुनिया की सारी खुशियाँ देना चाहती हूँ.... जिसके तुम हकदार हो....

चाहती की बहुत सी लड़कियां तुम पर मरे.....और तुम सिर्फ मुझपर.....

कई लड़कियां आई गई होगी तुम्हारी जिंदगी में....मगर दावा है मेरा मुझे सी कोई न हुई होगी और ना होगी......क्यूँ की मैने ना तो तुम्हारी शक्ल से प्रेम किया न ही हैसीयत से.....मुझे प्रेम हुआ भी तो तुम्हारे व्यव्हार से.....जिसमे तुम जतलाते तो नही पर.....पर नजर सब कुछ आता है की..... तुम कितनी चिंता करते हो मेरी....

चाहती हूँ..... तुम्हे अपने सीने से लगाना....उस वक्त जब तुम्हारा
मन उदास होता है....

चाहती हूँ की....जज्ब कर लू तुम्हारे सारे गम..... और दे दूं सारी
खुशियाँ तुम्हे.....

चाहती हूँ की....तुम यूँही प्यार करते रहो मुझसे....हमेशा
हमेशा.....कभी मत बदलना प्यार अपना......

चाहती हूँ की.....जिंदगी मे तुम्हारी चाहे कोई भी आ जाए.....तुम
चाहे किसी के भी हो जाओ....पर तुम "मेरे भी हो"....ये मत
भूलना.....!!

6. वादा

ज्यादा कुछ तो नही दे सकती तुम्हें.....पर हाँ इतना वादा जरूर
कर सकती हूँ.....
कि साथ हमेशा दूंगी.....
तुम्हारे रूठे हुए पलों को सुहाना बना दूंगी....
जब भी पड़ेगी तुम पर अमावस की काली
रात....पूरनमासी(पूर्णिमासी) सी चमक बनकर साथ दूंगी....
मुश्किलें चाहे कितनी भी बड़ी क्यों न हो....डटकर तुम्हारे साथ
रहूंगी.....
तुम्हारे कदमों की आहट बनकर हमेशा साथ चलूंगी....जिससे रूह
को तुम्हारे चैन मिले.....
मन की तुम्हारी इस बगिया में फूल सी महकूंगी मै
जब भी दिल उदास होगा तुम्हारा.. उम्मीद की लौ बनकर
जलूंगी.....
कभी आज़मा कर देख लेना.....हरदम तुम्हारी....
सांसों सी मिलूंगी मै... !!

7. तुम्हारा साथ

मै प्रेम करना नहीं जानती थी....

मै वो लड़की....जो प्रेम की परिभाषा को समझने से हमेशा इंकार
करती रही....

परंतु जब मुझे प्रेम हुआ....तो मेरा जीवन पल भर में बदल
गया....!!

अब मै वो प्रेमिका बन चुकी हूँ जो.....

जो....उससे बात करने वाली हर लड़की से जलती हूँ.....

जो....हर वक्त उसके साथ रहने वालों दोस्त को गाली देती हूँ

जो.....परेशान हो जाती है उसकी परेशानी में.....

वो प्रेमिका जो....अपने प्रेमी की तस्वीर को छुपाया
करती हूँ फोन की गैलेरी में....

उसके दिए हुए प्यार भरे संदेसो को लिखा करती हूँ.....
अपनी कविताओं मे.....

अपने आप की होने से पहले तुम्हारी हो जाती हूँ.....

बिलकुल निस्वार्थ मन से और मांगती हूँ दुआएं अपने प्यार की
सलामती के लिए.....

जपती हूं तुम्हारा नाम किसी संगीत के गीत की तरह....

अगर मैं ऐसी हूँ तो.....

तुमको परस्पर बताना होगा मुझे कि.....

मैं इस दुनिया की सबसे खूबसूरत लड़की हूँ.....

कहना होगा तुमको कि.... मेरे साथ ने कैसे तुम्हारे जीवन को पूरा
कर दिया है.....

क्यूंकि....

मैं प्रेम में अपना सब कुछ सौंप देती हूँ....

अपने आप को तुमको ..... और अगर बदले में
कुछ चाहती हूँ.....तो वो है....
तुम्हारा का साथ.....
और सिर्फ साथ.....!

8. ऐसे ही रहना

अच्छा ये बताओ....मेरे बगैर कैसा लग रहा है तुमको?

सोचा था मैंने कि.... खुश तो बहुत होगे तुम मेरे बगैर......की चलो कुछ दिन शांति से रहूँगा.....पर मै गलत थी.....उस दिन जब हमने तुमसे बात की तब तुम्हारी आवाज से ही अंदाजा लग गया की अधूरे हो मेरे बगैर तुम।

उस मानो ऐसा लग रहा था मुझे की जैसे... ''किसी मासूम से बच्चे से.....उसका मनपसंद खिलौना कही खो गया हो और उसे मिलने की उम्मीद खो दे तभी अचानक वह खिलौना उसे नजर आ जाए.....तो वो कितना खुश हो जाता है और लपक कर उसे सीने से लगा लेता है और मन ही मन उसे फिर न खोने से डरता भी रहता है।''

ठीक उस दिन तुम्हारी बाते लग रही थी.....तुमन जब मुझसे बार बार एक ही बात कह रहे थे...''आई लव यू''.....''आई मिस यू'' ....तो उन तीन शब्दो मे तुम्हारा दर्द .....तुम्हारा प्यार और तुम्हारा मुझे फिर से खो देने का डर .....सब समझ आ रहा था।

सच उस दिन मुझे बहुत खुशी हो रही थी की ''मै भी किसी के लिए बहुत मायने रखती हूँ।

सुनो समय बहुत कम है लिखने के लिए.....मुझे यकीन है तुम मुझपर भरोसा रखोगे.....और इस इम्तिहान के हम फिर से जरूर मिलेंगे....बस अपना प्यार यूँही बनाए रखना।

9. हमसफर

कहते कहते कभी ऐसी बाते कह जाते हो.....जो दिल को लग जाती
है।

सच जितना टूटकर मै चाह रही हूँ तुमको....उतना तुम क्या चाहोगे
कभी....चाहा भी है तो... बस तुम्हारी चाहत को और किसी चीज
का शौक नही।

चाहत बस इतनी है की... जब बुढ़ापे मे...

जब तुमको ठंड लगे.... तब मै रहूँ साथ तुम्हारे रजाई ओढ़ाने को,

रोज सुबह जब तुम उठो तो.... बनाकर दूं एक कप अदरक वाली
चाय तुमको,

जब बाहर गुनगुनी धूप मे.... तुम बड़बड़ाओ तब मै रहूँ पास
तुम्हारे सब सुनने को,

जब लाठी लेकर चलने लगो तो.....दूं सहारा तुमको अपने हाथों का,

जब न रहे उठने का मन कभी तो.....साथ तुम्हारे दिन भर बैठी
रहूं,

चाहत तो बस इतनी सी थी

पर जब बुढ़ापे की दहलीज पर तुम अकेले खड़े रहोगे तुम

10. तुम साथ हो

पता है जब तुम कहते हो न की मुझसे कभी दूर मत होना वरना मै जिंदा लाश बन जाऊंगा....उस वक्त गुस्सा तो बहुत आता पर सच मानो उससे ज्यादा खुशी होती है की सच मे मै तुम्हे बहुत प्यार करती हूँ की मेरे बिना तुम जिने की सोच नही सकते।

पता है जब तुम दोनो हाथो मे मेरे गालों को पकड़ कर माथे को चूमने की बात करते हो न..... तो सच मे ऐसा लगता है कि तुम साथ हो।

जब तुम मुझे खाना पूछते हो और मेरा जवाब 'ना' मे होता है और तुम गुस्सा करते हो तो सच ऐसा लगता है कि तुम साथ हो।

जब तुम कहते हो आओ तुमको अपनी बाहों मे भर कर सुला दूं.....तुम्हारे बाल अपनी उंगलियों से सहला दूं.....धीरे धीरे तुमको थपकी लगा दूं....तो सच मे ऐसा महसूस होता है की तुम साथ हो।

सुबह से लेकर शाम तक जब वक्त वक्त पर हाल पूछते हो न....तो बहुत अच्छा लगता है जानती हूँ तुमको वक्त की कमी है और मै हमेशा वही मांगती हूँ और तुम पूरी कोशिश करके दे भी देते हो(फिर भी मुझे कम ही लगता है)

पर कोई बात नही तुम जैसे हो वैसे ही अच्छे हो....बस एक बात कहूँगी की मै हमेशा तुम्हारे साथ हूँ और रहूंगी।

11. आखिर क्या क्या बताऊँ तुमको

आखिर क्या क्या बताऊँ तुमको

कि तुम्हारे लिए इस दिल मे.... जज्बात बहुत है!

आपस मे उलझ जाते है शब्द मेरे

जब इन्हे कागजों पर उतारने लगती हूँ

आखिर क्या क्या बताऊँ तुमको

कि मेरे मन मे जुड़े तुमसे.... खयालात बहुत है!!

धडकनें बढ़ जाती है तुम्हे सोचकर जब

उस वक्त को कैसे बयां करूँ

ऐसे मेरी जिंदगी मे.... हालात बहुत है!

जानती हू इस जन्म मे तुम्हे पाने की कोशिश

बेकार है मेरी...बेमानी है

पर मेरी वजह से तुम्हारे होठों पर

आ रही जो.... मुस्कुराहट बहुत है!!

मांगा जो दुवाओ मे तुम्हे इस जन्म

तो उपर वाले ने देने से इंकार किया

हो जाए तुमसे इस जन्म में

मेरे लिए बस एक..... मुलाकात बहुत है!!सुनो मै इंतजार करूंगी तुम्हारा....!!

जब तक पतझड़ चला न जाए

जब कत बहार आ न जाए तब तक!!

जब तब अमावस की काली रात बीत न जाए

जब तक पूनम की चांदनी रात आ न जाए तब तक!!

जब तक पूस की ठिठुरती रात बीत न जाए

जब तक बंसत के आ न जाए तब तक....!!

जब तक सूरज के पूरब से पश्चिम आ न जाए

नभ पर चाँद डूब न जाए तब तक!!

जब तक कयामत के आ न जाए

या सदियां बीत न जाए तब तक!!

जब तक मेरा इश्क मुक्कमल हो न जाए

जब तक सांसे टूट न जाए तब तक!!

जब तक तुझे भूल न जाऊं

या जब तक जिस्म से रूह आजाद न हो जाए तब तक!!

इंतजार और बस इंतज़ार करूँगी तुम्हारा.....!!

बस तुम मुझे भूल न जाना!!

12. जल्द ही मिलेंगे

"जल्द ही मिलेंगे" तुम्हारे इन शब्दो से कितनी खुशी मिली मुझे....मै ये जाहिर नही कर सकती....

सच मानो जब से तुम गए हो न.....बहुत अकेलापन सा लगता है जबकी बात बराबर होती है हमारी.....फिर भी एक दूरी सी लगती है।

आज जब तुमने जाते वक़्त कहा न की "जल्द ही मिलेंगे" तब मानो मुझे जैसे भगवान मिलने वाला है ऐसा लगने लगा....तुम्हारे इन शब्दो को सुनकर बस ऐसा लगने लगा की....तुम वही बात फिर से बार बार कहो और कहते रहो।

इस बार दूरी कुछ ज्यादा ही हो गई न....पर ये दूरी गवाह है हमारे प्यार का हमारे संयम की.....मुझे खुशी तो बस इस बात की हो की इतने दूर होने के बावजूद तुम आज भी मेरे हो।

अब तो बस इंतजार है "जल्द ही मिलेंगे " को "लो मिल लिए न" सुनने का....सच....जल्दी आओ ना तुम्हे कसकर सीने से लगाने का मन कर रहा है!!

13. हर दिन जीती हूँ

हर दिन जीती हूँ ,

हर रात मरती हूँ,

इंतज़ार में तेरे, और क्या अब मै करती हूँ।

आफ़ताब से जलती हूँ,महताब से पिघलती हूँ,

हर लम्हा तेरे बिन,पुर्जों में ढलती हूँ।

लबों से ख़ामोशी का वादा है मेरा,

चेहरे के नकाब से डरती हूँ।

जला कर मुझे राख को, फिजा में उदा देना।

मेरी अदा है, मैं कतरा कतरा बिखरती हूँ।

मायूस किया है मैंने कई रहनुमाओं को तेरे ख़ातिर,

रास्ता वही है मेरा, जहाँ में पैर रखती हूँ।

इंतज़ार में तेरे, और क्या क्या मै अब करती हूँ!!

14. शायद तुम्हे पता नही

शायद तुम्हे पता नही की कल रात जो बात हुई वो मुझे बड़ी अजीब लगी....

तुम्हारा मुझसे दूर होने का डर....मुझे बता रहा था प्यार तुम्हारा....की कितना प्यार तुम करते हो!

जानते हो....तुम जो वादा चाहते हो मुझसे....मै उसे पूरा करने की कोशिश जरूर करूंगी.....पर साथ ही साथ यह भी कहूँगी की इस रिश्ते का कोई नाम नही, क़ोई मुकाम नही।

तुम डरते हो की कही मै बदल न जाऊं.....तो मै ये बता दूँ की बदलूंगी तो नही कभी, पर हालातों ने धोखा दिया तो मै कुछ नही कर सकती.....पर यक़ीन मानो धोखा बस हालात देंगे मै नही!

मै तुम्हे बच्चे स्वरूप प्रेम करना चाहती हू....एकदम निश्चल मन से जिसके तुम हकदार भी हो....सच मै तुम्हें अपने सीने पर सर रख कर तुमको सुलाना चाहती हूँ.....चाहती हू तुम्हारे सर पर अपना हाथ फेरना.....तुम्हारे माथे को चुमना....!

लोग तो प्रेम मेषन जाने क्या क्या कर जाते है न जाने क्या क्या मांग लेते हैं.....मुझे भी तुमसे कुछ चाहिए जो गवाही होगा मेरे निश्चल प्रेम का.....जो यकीं दिलाएगा तुमको की मै तुमसे कितना प्यार करती हूँ.....

तो क्या दोगे तुम मुझे वो हक?

कर सकोगे मेरी इच्छा पूरी ?

अगर कर सको तो बस यह करना....की मिलने के बाद दे सको तो मुझे जरूर देना यह कीमती चीज.... एक चुटकी सिंदूर....!

क्या दे सकोगे ये हक मुझें?

जो हमेशा तुम्हें, मुझे तुम्हारा होने का एहसास दिलाता रहेगा।

कहो दे सकोगे?

15. सुनो

मै तुम्हे प्रेम नही करूंगी
क्योंकि प्रेम की अवधि होती है
जो वक्त (बुढ़ापे)के साथ साथ
धीरे धीरे खत्म हो जाती है
प्रेम जो दैहिक होता है
जिसका आकर्षण बस
कुछ वक्त के लिए होता है
जिस मोड़ से गुजरी हू कल रात
सच मै तुम्हें अब प्रेम नही करूँगी
उस प्रेम मे डर है तुम्हे खोने का
तुम्हारा किसी और का होने का
इसलिए मै तुम्हे प्रेम नही करूंगी
बस तुम्हे पूजूगीं
देवो के देव महादेव की तरह
तुमको पूज कर
बना लूंगी अपना
हमेशा के लिए!!

16. मालिकाना हक

मै खुद को बहुत ज्यादा हिम्मतवाली समझती थी....पर अब नही हूं.....

सब से लड़ जाने वाली मैं.....तुम्हारे मामले मे पिघल जाती हूँ....सोचती हूं गर तुम कभी रूठ गए जो मुझसे.....तो मेरी तो जान ही निकल जाएगी.....

अलगाव के लिए सोच कर ही रोना आ जाता है....तुमसे कोई लड़की बात करती है या तुम किसी से बात करते हो तो न जाने क्यूँ मुझे जलन सी होती है।

तुमको लेकर मै कब तुमपर इतना मालिकाना हक समझने लगी पता ही न चला....अब तो बस ऐसा लगता है कि तुम सिर्फ और सिर्फ मेरे हो और मेरे ही रहो।

अब तो बस ऐसा लगता है कि हर वक़्त तुम मुझसे बाते करते रहो(जो तुमको पसंद नही)....बस मेरे ही बनके रहो....।

मै जानती हूँ तुमको ये सब बकवास लगता है पर मेरे लिए अब यही सच रह गया है। जो भी हो बस तुम हो!!मैं और मेरी तन्हाई बैठे थे आज

और हो रही थी मेरे प्यार की बात

तन्हाई ने कहा कैसा प्यार है तेरा?

जो तुझसे कभी बात भी न करता?

मैं थी चुप और इस से तन्हाई थी हैरान

मैं थी शांत और इस से तन्हाई थी परेशान...

तन्हाई ने कहा तेरा बिछड़ा यार नहीं आएगा

मुझे लगता है तू कभी अपना प्यार नहीं पायेगी

तन्हाई बोली...अरे मूर्ख कुछ तो बोल

मै इतनी देर से बक बक कर रही हूँ
तू भी तो अपना मुंह खोल...
मैंने कहा....बता कहाँ लिखा है की वो नहीं आएगा?
और अपने साथ प्यार की सौगात नहीं लाएगा?
कौन सी ऐसी दिवार है हमारे बीच जो खड़ी हो सकें?
ऐसी कोई दिवार नहीं बनी जिसकी नींव डलते ही हम उसे तोड़ न
सकें...
कौन कहता है की उसका प्यार हो गया है पूरा
क्यूंकि "प्यार" तो खुद शब्द ही ऐसा है जिसका पहला अक्षर है
अधूरा
कौन कहता है की प्यार सिर्फ दो जिस्मो का मिलान है
माना वो मुझसे दूर है पर फिर भी मैं उसकी हमदह और वो मेरी
जान है।
अब बोल रही थी मै और चुप थी तन्हाई....
तभी सामने आया मेरी जान और भाग गयी तन्हाई!!

17. मैं हमेशा सोचती हूँ.....

मैं हमेशा सोचती हूँ.....

अगर किसी दिन....तुम पूछोगे की....मै तुमसे कितना प्यार करती हूँ.....?....तो मै अपने दोनो हाथ हवा मे फैलाकर....बोल दूंगी की "इतना सारा।"

पर.....तुमने पूछा और मै कुछ कह न पाई.....और मेरे आंखो से आंसू बहने लगे......तो शायद तुम देख न पाओगे की..... इन आंसुओ मे भी असीम प्यार छुपा होगा मेरा।

क्या तब भी तुम मुझे समझ पाओगे...?

मै खुद भी नही जानती कि..... मै तुमसे कितना प्रेम करती हूँ पर हां..... मुझे इतना विश्वास है कि..... यदि भगवान मेरे एक बूंद आंसू को किसी और के प्यार के साथ तौलेंगे तो।.....पलड़ा मेरे प्यार का ही भारी होगा!!

18. "इंतज़ार..."

शायद प्यार करने वालों के लिए दुनिया का सबसे मुश्किल शब्द।
जब से तुमने कहा है की ''बस जल्दी ही आ रहा हू मैं''....इंतजार
और भी मुश्किल सा हो गया है।पता नही ये दूरी कब खतम होगी।
जब भी कभी प्यार में दूरिया बढ़ जाती है या आपका चाहने वाला
कही दूर चला जाता है तो आँखे उसके इंतज़ार में एकटक उसकी
राह देखतीं है और कुछ एक गाने सुनना उस वक्त बहुत अच्छा
लगता है उसके आने का इंतज़ार करते हुए।

जब भी हम किसी का इंतज़ार करते है तो दिन और रातें काफी
बड़ी लगाने लगाती है और इन्हे कटना बड़ा मुश्किल हो जाता है।
दिन तो चलो किसी तरह कट भी जाता है पर रातें कटना किसी
पहाड़ से कम नहीं लगता। इसलिए रातों को इंतज़ार करने वाला
अपने प्यार की याद में कुछ न कुछ गुनगुनाने का मन करता है।

मै भी आजकल एक ही गीत दिन भर सुनती रहती हूँ....पता है
तुम्हे खास बात ये है इस गाने की....की ये मेरे दिल की बात तुम
तक बड़ी आसानी से कम शब्दों में पंहुचा देगी और इस को सुनकर
कर मेरे दिल को भी सुकून मिलता है और अपने प्यार के लिए
इंतज़ार करने का हौसला भी मिलता है।

19. बस ऐसे ही रहना

जानते हो आज मै थोड़ा ज्यादा खुश हूँ क्योकी आज कही किसी बात से मुझे महसूस हुआ की तुम सिर्फ और सिर्फ मेरे हो.....बस ऐसे ही रहना।

पता तुम कितने भोले हो ये तुम जानते तक नही इसलिए सब तुम्हे बेवकूफ बना जाते हैं।इस स्वार्थी दुनिया में तुमको कोई समझने वाला नही है(सिवा मेरे)

हां थोड़ी स्वार्थी मै भी हूँ....लेकिन बस तुम्हारे लिए....तुमको कोई कहे तो मुझे बहुत बुरा लगता है।

मुझे नही पसंद की कोई तुम्हारे स्वभाव का नाजायज फायदा उठाए।

मुझे नही पसंद की तुम किसी के आगे झुको.....थोड़े से सड़ू जरूर हो पर तुम्हारा वो सड़ूपन मेरे साथ न जाने कब खतम होगा.....वैसे सच कहूँ तो जितना तुम जानते हो मुझे उतना शायद ही कोई जानता होगा।

ना मै तुमको पा सकती हूँ ना तुमको अपना सकती हूँ और ना ही खो सकती हूँ.....अजीब विडंबना है न मेरी भी।

मै और तुम एक दुसरे के तो नही.... पर एक दुसरे मे तो रह ही सकते हैं न।

20. रात की कछ बाते

कल रात की कछ बाते तुम्हारी मुझे खुद को गौरवान्वित करने पर मजबूर कर दी थी।

मै नही जानती थी कि मै इतनी ख़ुशनसीब हू,मुझे नही पता था की कोई मुझसे सच मे इतना प्यार करेगा.... की मुझे अपने आप पर गुमान होने लगेगा।

सच कहूँ तो मेरे जिंदगी मे बहुत कम लोग जिनसे मै कुछ भी बात शेयर कर सकती हूँ

कल जिस तरह से तुमने अपना हक जताया मुझपर वो मुझे बहुत अच्छा लगा....तुम्हारे प्यार पर यकीं तो है ही मुझे पर हर बार तुम्हारी बातों पर मै फिर से दिल हार बैठती हूँ....सच बताओ न तुम इतने प्यारे क्यूँ हो?

जानती हूँ तुमको बहुत जल्दी गुस्सा आता है और मुझपर गुस्सा आने से पहले तुम्हारा खुद को कंट्रोल कर लेना....हाए.....इस आदत ने तो समझो मुझे मार ही डाला।

पिछले कुछ दिनों से सब ठीक नही चल रहा था हमारे बीच(गलती मेरी ही थी)..... तुम थोड़ा गुस्साए और फिर बड़े प्यार से मै मान भी गई(तुम मनाते नही कभी अकड़ू) और फिर सब ठीक हो गया।

सुनो.....एक ऐसा रिश्ता बनाए रखना,जिसमे तुम कभी खफा मत होना मुझसे, हमेशा ऐसे ही डाटकर अपने सीने से लगाए रखना।

21. कभी कभी मेरा मन करता है

जानते हो

कभी कभी मेरा मन करता है की

मै तुम्हारे आंखो के सारे आंसू चुरा लू

तुम्हारे हर दर्द को अपना बना लूँ

अपनी सारी खुशियाँ तुम्हारे नाम कर दूँ

तुम्हारे होठों पर मुस्कुराहट हमेशा के लिए सजा दू

और बना दूं खुशियों को तुम्हारा पहरेदार बना दूं

जब शाम होती है न तो मेरा मन करता है की समुंदर किनारे

तुम्हारे साथ बैठ कर.....डूबता सूरज देखूं और फिर उस डूबते सूरज

पर बैठकर......तुम्हें आसमानों की सैर कराऊं।

और बस तुम्हे चाहूँ

हां बस तुम्हें

22. जानते हो

जानते हो तुम्हारे ख़्वाब बड़े अच्छे हैं पर इस मामले में हम तुमसे एकदम उलट है।

हमे प्यार करने वाला पार्टनर चाहिए ना की हमारी गुलामी करने वाला। आज तुम्हरा प्रेम देख कर हमे अच्छा तो बहुत लगा पर तकलीफ इस बात से हुई की जो चीजे हमारे लिए बनीं हैं उसे तुम क्यो करोगे?

हम चाहते हैं कि जब सुबह तुम्हारी आंखें खुले तो उस वक्त तुम्हे बस हम नजर आएं.....भींगी अनसुलझी लटों के साथ.....उन जुल्फो के पानी के छींटों के साथ हम तुम्हे जगाएं और कहे की "जल्दी जल्दी तैयार हो जाओ वरना देर हो जाएगी"

तुम जब नहा कर बाहर निकलो तो तुम्हारे लिए हम सज-संवरकर बैठी रहें चाय के साथ।

चाय पीते ही तुम्हारी नजरें तुम्हारे सामानों को ढूंढने की कोशिश करे उससे पहले ही हम कपड़े दे दे तुमको......और कुछ कह पाओ उससे पहले ही जरूरत की सारी चीजें(घड़ी,फोन, चार्जर,टिफिन वगैरह) तुमको मिल जाए......और सख्त हिदायत के साथ कहती की "बाहर का कुछ न खाना तुम्हारा पसंदीदा खाना है टिफिन मे" और फिर "मै न होती तो तुम्हारा क्या होता"वाला फेमस डायलॉग मारकर तुम्हे जाने के लिए कह देती।

और उम्मीद करती की बाहर निकलने से पहले तुम अपनी अधरों को मेरे माथे पर रखकर कहते"गुड़िया(गुड़िया-जो की तुम अक्सर प्यार मे कहते हो हमें) अपना ख्याल रखना....शाम को जल्दी आने की कोशिश करूँगा ।"

और हम एक प्यारी सी मुस्कान के साथ तुम्हे जाते हुए देखते रहती।

और हम एक प्यारी सी मुस्कान के साथ तुम्हे जाते हुए देखते रहती।

23. सच्चे प्यार का एहसास

प्यार को इस दुनिया का सबसे खूबसूरत एहसास माना जाता है। प्यार में पड़ने वाला हर व्यक्ति खुद को दुनिया का सबसे खुशनसीब इंसान समझता है। आज के समय मे अगर आपको सच्चा प्यार करनें वाला व्यक्ति मिल जाता है यो वाकई में आप काफ़ी खुशनसीब हैं।

कहा भी गया है कि इस दुनिया मे सच्चा प्यार बहुत कम लोगो के ही नसीब में होता है। जिसे सच्चा प्यार मिला हो, बल्कि वो खुशनसीब है जिसका प्यार जीवनभर उसके साथ हो।

अक्सर ऐसा देखा गया है कि लोगो को इस दुनिया मे उनका सच्चा प्यार तो मिल ही जाता है लेकिन उनमें से बहुत कम लोग ही ऐसे होते है जिनका प्यार जीवन भर उनके साथ होता है।

जितना खूबसूरत एहसास किसी ऐसे के साथ रहने का होता है जो कि आपको दिल से प्यार करता है उतना ही बुरा अनुभव तब होता है जब हमें अपने प्यार से जुदा होना पड़ता है। प्यार की राह में मिलना और बिछुड़ना तो होता ही है। कई बार हमें अलग-अलग कारणों से अपने प्यार से दूर होना पड़ता है। जो कि वाक़ई में काफ़ी दुखदायी होता है।

लेकिन इससे ज्यादा दुख तब होता है जब हमें प्यार में धोखा मिलता है। लेकिन आपको हम बता दे कि..... वो प्यार कभी सच्चा हो ही नही सकता जिसमें आपको धोखा मिल जाये। अगर आपको प्यार में धोखा मिलता है तो आप इस बात को समझ जाए कि ये आपका सच्चा प्यार था ही नहीं।

लेकिन प्यार कैसा भी हो, अगर हमने किसी के साथ दिल लगा लिया और फिर हमें उससे धोखा मिलता है तो इससे काफ़ी

तकलीफ़ होती है। अगर हमने किसी से सच्ची मोहब्बत की हो हम उसे कभी भी नही भूल पाते हैं, फिर चाहे उस व्यक्ति ने हमारे साथ धोखा ही क्यों ना किया हो।

प्यार में किसी से धोखा मिलना कितना दर्द भरा होता है वो सिर्फ़ वहीं जान सकता है जिसे की इसमें धोखा मिला हो।

हमने कई बार देखा है कि लोग प्यार में धोखा खाने के बाद काफ़ी दुखी हो जाते हैं। उनके लिए अपने प्यार को भूलना काफ़ी मुश्किल हो जाता है, वो अपने इस ग़म से बाहर नहीं निकल पाते हैं। इस तरह से किसी की याद में घुट-घुटकर जीना काफ़ी पीड़ादायक होता है।

ऐसे में इन लोगो के लिए हमारी यही सलाह है कि आप खुद को ये समझाने का प्रयास करें कि जो आपको छोड़कर चला गया वो कभी आपका सच्चा प्यार हो ही नहीं सकता!!

24. वो तुम्हारा...मेरे इतने करीब आना

वो तुम्हारा...मेरे इतने करीब आना,
फिर सांसों का सांसों से टकराना,
दोनो दिलों का....तेजी से धड़कना
और तुम्हारा....मुझे अपनी बांहों में...जोर से कस लेना....
धीमी आह के साथ...मेरा पंजों पर ऊंचा हो जाना,
तेरे इक छुअन से.... पूरे बदन मे सिरहन सी दौड़ जाना
उफ़्फ़.....मुझे आज भी याद है.....
तुम्हारी बांहों मे....मेरे जिस्म का पिघल जाना
सच कयामत था....
तुम्हारा उस दिन मेरे करीब आना...!!

25. सहारा

वैसे तो मै बहुत हिम्मती हूं ......जल्दी हार नही मानती.... सभी चीजो का आसानी से मुकाबला कर लेती हूँ.....

इसलिए तुम जब भी मुझे पूछते हो की "तुम ठीक तो हो न?" तो मै कह देती हूँ "हां".....मै बिलकुल ठीक हूँ....!

पर सच पूछो तो.... उस वक्त मै कहना चाहती हूँ की..... "नही... मै ठीक नही हूँ....बिलकुल ठीक नही....मुझे ज़रूरत है तुम्हारी....तुम्हारे सहारे की..... "

सच कहूं तो कुछ भी अच्छा नही लगता......कोई चीज पसंद नही आती अब....बहुत मन करता है रोने का.....समझ नहीं आता क्या करूं।

ऐसा लगता है की ऐसे टूट चुकी हूँ .....जिसे समेटना नामुमकिन है.....समेटा तो तब जाता न जब बिखरी होती.....मै तो यहाँ चूर हो गई हूँ।

बस मन करता है की..... काश ......काश तुम मेरे पास होते.....तो......तुम्हारे सीने से लगकर खूब रोती......
तब तक रोती.... जब तक थक न जाती.....
तब तक रोती.... जब तक आंखो से काजल धूल न जाते.....
तब तक रोती .....जब तक आंख के आंसू सूख न जाते.....
और बदले मे बस यही चाह रहती की..... तुम मेरा सहारा बनकर मुझें कहते....."रो मत.....मै हूँ न.....सब ठीक हो जाएगा"

26. चाहती हूँ तुम्हारे साथ रहना

जानती हूँ तुम्हे कैसा लग रहा होगा.....सब कोई होगा पर वो नही .....जिसकी तुम्हे सबसे ज्यादा जरूरत होगी।

चाहती हूँ तुम्हारे साथ रहना.....पर ये मुनासिब नहीं.....

जिस वक्त हमे किसी की सबसे ज्यादा जरूरत हो और वो पास न रहे तो.....बहुत बुरा लगता है.....और मन मे खयाल आता है की ....ऐसे साथ का क्या मतलब?

वही नियम तुम्हारे लिए भी है.....शायद मेरा....तुम्हारे साथ न होने पर.... यही मन कह रहा होगा तुम्हारा......की ऐसे साथ का क्या मतलब.....जो जरूरत मे भी मेरे साथ न हो।

पर सच मानो उससे भी कई गुना अधिक बुरा हमे लग रहा है.....बस मन कर रहा है की झट से तुम्हारे पास पहुंचे और सारे गम ले ले तुम्हारे......और सीने से लगाकर.....माथा चुमते हुए बस ये कहें कि ...."चिंता मत कर..... सब ठीक से हो जाएगा"।

27. जालिम

जानते हो ये कार्तिक का महीना है न..... बड़ा जालिम होता है....
क्योकि इसमे मुझे हर वक्त तुम्हारे साथ रहने का लालच जो बढ़
जाता है.....

सुबह सुबह बिस्तर से जब पांव निकालती हूँ तो.....अजीब सिरहन
सी होती है तन में .....मन करता है की..... बिन कहे तुम खींच
लो पीछे अपनी ओर और भर लो अपनी बाहों मे मुझे....ताकी ये
जो भोर की ठंड है न..... वो छू भी न पाए मुझे....

कर लो इतना करीब की हम बात भी न कर कर पाए बस सांसों
से सांसे टकराए.....जद्दोजहद करना चाहती हूँ तुमसे यह कहकर
की ''जाने दो कोई देख लेगा''....पर तुम अपने इरादे पर कायम
रहना......रख देना अपने अधरों को मेरे अधर पर ताकी... मै कुछ
कह भी न पाऊं

दिल की धड़कनो को आपस मे टकराने देना....

हाथ मे हाथ थामकर इतनी जोर से पकड़ लेना की मै छुड़ा न
पाऊँ.....

जकड़ लेना कुछ ऐसे ताकी चाह कर भी अलग न हो पाऊँ और रम
जाऊ तुममें ऐसे जैसे दो जिस्म एक जान हो हम!!

28. ज़रूरी तो नही

कभी कभी हम किसी रिश्ते मे ऐसे बंध जाते है की मानो वही हमारा पूरा संसार हो.....पर शायद हम ये भूल जाते हैं की जरूरी तो नही की रिश्ते जैसे हम निभाना चाहते हैं वही उनकी भी पसंद हो।

हर किसी की सोच अलग अलग होती हैं पसंद अलग अलग होती है.....बदलना चाहते हैं दोनो एक दुसरे के अनुरूप पर दोनो सफल हो ये जरूरी तो नहीं।

हां शायद मैने कुछ ज्यादा उम्मीदें लगा ली थी सोचा था की मेरा प्यार पाकर तुम शायद थोड़े बदल जाओगे.....पर नही शायद मै गलत थी.... पर प्यार अब भी तुमसे उतना ही करती हूँ..... जानती हू की तुम भी मुझसे उतना ही प्यार करते हो जितना की मै तुमसे करती हूँऔर मुझे उसके लिए कोई सबूत नही चाहिए लेकिन प्यार हर वक्त तुम्हारे हिसाब से हो ये कहाँ तक सही है।

ज्यादा कुछ नहीं बस कभी मेरी सुनो तो कभी अपनी कहो....एक तरफ कोई कहे और एक तरफ से हमेशा चुप्पी हो तो ये भी अच्छा नही लगता न।

मै ये नही कहती की तुम पूरी तरह बदलो.....बस मुझे समझो यही काफी है। शिकायत तो बहुत सी है पर जानते हो की मै कर नही सकती।क्योंकि डरती हूँ की तुम नाराज न हो जाओ।

माना की तुमको शब्दो का दिखावा करना नही आता(मेरी तरह) पर कभी कोशिश तो करके देखते.....शायद मै बिन कहे सब समझ जाती....मै ये सब फोन पर भी कह सकती थी पर मै लिख भी इसलिए रही हूं की मेरे इन शब्दो को तुमको सुनने की फुरसत नही है...शायद पढ़ ही लो।

ये मेरी कमजोरी ही है शायद जो हर रिश्ते को बहुत प्यार से बांध कर रखना चाहती हूँ...और उम्मीद करती हूँ की सब ऐसे ही करें । सच मे..... मै ना तुमसे उदास हूँ.... ना नाराज हूं पर बिन कहे रहा भी नही गया।

29. सुन....

तेरे हर रात अहसासों में
सजनी बनकर आना चाहती हूं,
तेरे हर दर्द को अपना बनाना चाहती हूँ
मत बहाया कर ये अनमोल मोती,
वरना मैं जी नही पाऊंगी
बस अपने गोद सर रखकर तेरा
तुझको सुलाना चाहती हूँ
मै ता उम्र के लिए
तुझको अपना बनाना चाहती हूँ।
चाहे दूर हो तुम या पास हो
क्या फर्क पड़ता है....मै हमेशा तुम्हारे साथ हूँ
यही एहसास दिलाना चाहती हूँ!!

30. लालच

हाँ बहुत लालची हूँ मैं.....इतनी लालची की..... मुझे मेरी दी हुई
चीज दुगनी करके चाहिए।
लेकिन मुझे लालच मंहगे तोहफों का नही
ना ही कीमती गहनों का है
मुझे लालच रंग-बिरंगे कपड़ो का भी नही
और न ही उन ब्रॅन्डेड सामानों का है
ना मुझे होटल मे खाने की इच्छा है
और ना ही हर वक्त घुमने की
नए नए सरप्राइज का भी नही
लालच...."बस मुझे ही चाहो" का भी नही
और न तुम्हारे पैसे का है
मुझे लालच है तो बस
तुम्हारे #वक्त का
तुम्हारे #साथ का
बस इतना वादा करो की
जितना मै तुम्हें वक्त दूंगी उसका दुगना तुम दोगे मुझें !!

अध्याय31

शायद तुम्हे पता नही की कल रात जो बात हुई वो मुझे बड़ी
अजीब लगी....

तुम्हारा मुझसे दूर होने का डर....मुझे बता रहा था प्यार
तुम्हारा....की कितना प्यार तुम करते हो!

जानते हो....तुम जो वादा चाहते हो मुझसे....मै उसे पूरा करने की
कोशिश जरूर करूंगी.....पर साथ ही साथ यह भी कहूँगी की इस
रिश्ते का कोई नाम नही, कोई मुकाम नही।

तुम डरते हो की कही मै बदल न जाऊं.....तो मै ये बता दूँ की
बदलूंगी तो नही कभी, पर हालातों ने धोखा दिया तो मै कुछ नही
कर सकती.....पर यक़ीन मानो धोखा बस हालात देंगे मै नही!

मै तुम्हे बच्चे स्वरूप प्रेम करना चाहती हू....एकदम निश्चल मन
से जिसके तुम हकदार भी हो....सच मै तुम्हें अपने सीने पर सर
रख कर तुमको सुलाना चाहती हूँ.....चाहती हू तुम्हारे सर पर
अपना हाथ फेरना.....तुम्हारे माथे को चुमना....!

लोग तो प्रेम मेषन जाने क्या क्या कर जाते है न जाने क्या क्या
मांग लेते हैं.....मुझे भी तुमसे कुछ चाहिए जो गवाही होगा मेरे
निश्चल प्रेम का.....जो यकीं दिलाएगा तुमको की मै तुमसे कितना
प्यार करती हूँ.....

तो क्या दोगे तुम मुझे वो हक?

कर सकोगे मेरी इच्छा पूरी ?

अगर कर सको तो बस यह करना....की मिलने के बाद दे सको तो
मुझे जरूर देना यह कीमती चीज.... एक चुटकी सिंदूर....!

क्या दे सकोगे ये हक मुझें?

जो हमेशा तुम्हें, मुझे तुम्हारा होने का एहसास दिलाता रहेगा।

कहो दे सकोगे?

32. एक धागा

एक धागा बांध आई

आज सावन के पहले सोमवार के दिन जब मै मंदिर गई और शिव जी की पूजा करने लगी तब अचानक मुझे महादेव के कहानियाँ याद आ गई.....और उनकी सारी बाते मै सोचने लगी....!

सब सोचने के बाद अचानक मुझे तुम याद आ गए.....तब लगा की तुम भी तो भोले जैसे ही हो.....।

जैसे भोले वास करते हैं हिमालय पर.... किसी का डर नही है.....हर वक़्त क्रोध मे रहते हो.....जब प्रेम करोगे तब कोई सीमा न होगी और जब क्रोधित हो जाओगे तो खैर नही।

"भगवान शिव तो वैरागी थे..... न उन्हें सम्मान का मोह था.... न अपमान का भय.....पर वैरागी से यह मतलब नहीं कि उन्हें किसी चीज से कोई मतलब नहीं रहता...... वे सांसारिक मोह माया से दूर रहकर भी अपने दाम्पत्य जीवन को बखूबी निभाते थे....विवाह के नियमों का पालन करते हुए खुद को माया से दूर रखने वाले हैं हमारे महादेव......।

यह सब उनके वैराग्य का ही एक रूप है. भोलेनाथ भावुक प्रेमी के साथ साथ भयंकर रूप से क्रोधित होने वाले भी थे।

जिस तरह तुम्हारे कई रूप है न.....कभी बड़ा भाई..... कहीँ छोटा भाई.....तो कही बेटे..... इस तरह के उनके कई रूप हैं।

लेकिन उनका भावुक प्रेमी वाला रूप सबसे सुंदर लगता है मुझे..... दरअसल यह रूप वो अपनी प्रिय पत्नी सती के सामने रखते हैं - वो रूप है प्रेम का...। ठीक उसी तरह तुम्हारा प्रेम वाला रूप ।

शिव सती सी हमारी भी कहानी है शायद प्रेम तो दोनो मे अथाह है पर मिलन मुश्किल है.....आऊंगी फिर किसी और जनम मे किसी

और रूप मे.....जैसे माँ पार्वती आई थीं।
बस फर्क ये होगा की.....
माँ पार्वती ने जप तप करके शंकर जी को पाया था और मैं यहाँ
जप तब करके तो नही पर हां इच्छापूर्ती का धागा बांधकर तुमको
जरूर पाने की कोशिश की है।
इस जन्म तो नही पर अगले जन्म के लिए अर्जी लगा आई हूं
भगवान के द्वार...!!
मन्नत के कच्चे धागों में !
पक्का सा मांग आई हूँ तुम्हें!!

33. बराबरी का हक

सुनो न मुझे भी बराबरी का हक चाहिए।
बराबरी का मतलब ये नही की
तुम्हारी जायदाद मे आधा हक
एक वक्त काम मै करूँ और एक वक्त का तुम
कि मै थक गई तो मेरे सर या पैर दबाओ
न ही कि मै विकेंड पर बाहर जाने की जिद करूँ
औ ना ही अपनी जिम्मेदारीयो से जी छुडाऊं
बराबरी चाहिए मुझे केवल तुम्हारे प्रेम मे
जितना प्रेम मै तुम्हे दू उसका आधा तो तुम दे ही सकते हो न?
जितनी परवाह, इज्जत मै तुम्हारी करती हूँ
तो इतना तो चाह सकती हूँ की कुछ लोगो की भीड़ मे तुम मेरी
बेइज्जती ना करो।
मै तुम्हारे शर्ट की टूटी बटन टाकूंगी तो
उम्मीद कर सकती हूँ न की मेरे टूटने पर तुम मुझे जोड़ने की
कोशिश करोगे।
मै तुम्हारी पूरी गृहस्थी को संभालूंगी तो
मेरे अंदर के बचपने को जिंदा रखने की जिम्मेदारी तुम्हारी।
जब कभी पिरियड्स के दर्द से कराह रही होऊं
तो बस प्यार भरी एक नजर से देख लेना।
जब कभी बुखार मे तड़प रही होऊं तो झूठ मूड की नौटंकी मत
कहना।
उम्मीद करूंगी की तुम्हारे वंश को जब आगे बढ़ाऊं तो
"तुमने किया ही क्या है" का ताना न मिले कभी।
बस इतनी ही बराबरी चाहिए मुझे

नीता शुक्ला (बावरी जोगन)

दे सकोगे बराबरी...?

34. सुनो न

एक ख्वाब देखती हूँ अक्सर मै,

उस ख्वाब मे....पहाड़ों के उस पार...दूर कही एक झरना है...उस झरने के पास एक छोटा सा मेरा घर।

चाहती हू की तुम आना कभी वहां मुझसे मिलने....पर आना तुम सर्दी के दिनो मे....एक साथ बैठकर चाय पियेगें....और वहीं हम तुम मिलकर एक नया ख्वाब बुनेगे।

नही नही वहाँ चाय नही पिएंगे....सुना है चाय तुम्हारी पहली मोहब्बत है.... तो मै चाय ले चलूंगी झरनों के बीचो बीच... प्रकृति का आनंद लेते हुए। फिर थाम कर हाथ मेरा ले चलना तुम मुझे फिर से घर की ओर।

जहां इंतजार रहेगा मुझे सूरज के डूबने का.....

ताकी उस शाम की आखिरी रोशनी मे हमारा प्रेम जगमगाए। वहां मै कैद करना चाहूंगी हर लम्हे को...हर एक पल को....हर उस एक पल को जिसमे तुमने मुझे छुओगे....तब कैद कर लूंगी तुम्हे अपने शब्दो मे....लिखना चाहूंगी तुम्हे अपनी किताबों मे....ताकी जब तुम मुझे छोड़कर वापस जाना चाहोगे तब...छूट जाएगा एक हिस्सा तुम्हारे प्यार का इन पहाड़ों मे...इन झरनों मे।

तुम जाना कुछ इस कदर की मुझे एहसास भी न हो तुम्हारे जाने का.... ऐसे जैसे "एक मां अपने बच्चे को अपनी बाहों मे सुलाती है....और उसके सो जाने के बाद.... धीरे से उसे बिस्तर पर लिटाती है...और उस बच्चे को एहसास भी नही होने देती कि...वो कब का उसे अपनी पनाहों से नीचे रख दी है" ठीक उसी तरह से ।

मै नही जानती की हम किस बंधन मे बंधे है?हमारा रिश्ता क्या है? और मै जानना भी नही चाहती पर पता नही कैसे मै अपनी

सारी तकलीफें भूल जाती हूँ इक तुम्हारे साथ होने से।शुक्रिया मेरा होने के लिए।

35. जब एक पुरुष सच्चा प्रेम करने लगता है

कहते है जब एक पुरुष सच्चा प्रेम करने लगता है तो वो एक पिता जैसा परवाह करने लगता है।

सच ही है ये बात..... करने तो लगे तुम मेरी परवाह......,तभी तो मिलने की चाह भी रखने लगे मुझ से..... जो किसी और से न सोचे थे तुम।

मै आऊंगी तुमसे मिलने.....,जरूर आऊंगी......,क्योंकि मेरे इस सफर की मंजिल तुम ही हो....,तुम्हारे सिवा किसी की चाह नही अब मुझे।

चाहे उस वक्त.....मेरे जीवन की रेखाएं ही क्यो न समाप्त होने को हो....

मै तुमसे जरूर मिलने आऊंगी..... चाहे वही मेरा आखिरी पड़ाव क्यो न हो मेरे जीवन का...तब मुझे और भी खुशी होगी...... कि मेरे अंत समय मे तुम मेरे साथ होगे.... अब उसके लिए ये दुनिया.... ये समाज क्या कहेगी.... मुझे कोई फर्क नही पड़ता।

मै चाहती हूँ कि मेरा जीवन समाप्ति पर हो और मै तुम्हारे सीने से लगी रही।और फिर ख़तम हो जाऊं तुम्हारे आंखो मे एक ख्वाब बनकर।

36. जब दिल जलता है

कही सुना है कि "जब दिल जलता है तब आपकी वाणी अपने आप अग्निमय हो जाती है।"

ये बहुत हद तक सत्य भी है....परंतु मै हमेशा से ही अपने दिल और दिमाग को अलग अलग रखती हूँ....और अपने जिव्हा पर अपना संयम।शायद यही मेरी सबसे बड़ी कमजोरी है की मै हर जगह रिश्ता खोने के डर से हर बार झुक जाती हूँ।चाहे कोई भी मुझे कुछ भी कहे....मै जल्दी किसी को पलट कर जवाब नही देती.....

परंतु कभी कभी जब मन बहुत उदास हो और किसी से बात करने का कोई मन न हो और सामने वाला इंसान आपकी हर छोटी छोटी बात पर मुह फुलाने लगे तो ?

तब मुझे नही लगता है की ऐसे मे कोई भी रिश्ता निभ सकेगा। चाहे वो रिश्ता कोई भी हो....मां,बाप,भाई,बहन,दोस्त,प्रेमी या पति।

यदि एक आपकी पसंद का खयाल रखता है तो मुझे लगता है कि कही न कहीं दुसरे को भी थोड़ा समझना चाहिए।

खैर कोई मतलब तो नही है... इन सब बातों का....क्योकी आज के जमाने मे सब एक से बढ़कर एक अहंकारी है... पर हां बताना जरूरी होता है.... क्यों कि ऐसे मे लोग बड़े जल्दी जज करने लगते है अपने पार्टनर को....मुझे लगता है कोई भी रिश्ता कड़वाहट से नही प्रेम भरा मिठास से करनी चाहिए....साथ ही दोस्ती के साथ आगे बढ़ना चाहिए।

37. चलेगे गंगा किनारे....

घुमना फिरना शौक नही सै मेरा पर हां तुम्हारे साथ जाना चाहती हूँ काशी

वहां चलेगे गंगा किनारे....सुना है जो गंगा मां का जलपान करता है या उनके नाम का उच्चारण करता है,, उसकी आने वाली कई पीढियाँ तर जाती है....दर्शन मात्र से सुकून मिल जाता है वहां ।और सुना है कि वहां बहुत भीड़ होती है....गंगा घाट पर....पर उस भीड़ मे भी बड़ा सूकून मिलता है....बस वही सुकून का पल बिताना है तुम्हारे साथ.....कहते है यहाँ की गंगा आरती बड़ी मनमोहक होती है....देश विदेश के लोग तो इसे कैमरे मे कैद करने आते है पर हम भारतियों के लिए गंगा तो हमारे तन मन मे वास करती है।

वैसे कहने को तो गंगा केवल एक नदी है पर हम भारतियों के लिए मां गंगा है....जिसे पुराणों के साथ साथ सभी तीर्थस्थलो मे सबसे श्रेष्ठ माना जाता है और यह भारत की संसकृति का गौरव भी है।मां गंगा की महिमा तो कई वेद पुराणों मे भी लिखी हुई है।मां गंगा तो मोक्षदायिनी भी है। हर हिंदु का आखिरी सपना होता है की "अंत समय मे यदि मणिकर्णिका घाट हो और मुख मे मां गंगा का वास हो" तो मानव मोक्ष पा ही जाएगा।

सुनो न जितना सुना है मां गंगा के बारे मे चलो न एक शाम गुजारे इस गंगा किनारे मे, बिताए कुछ सूकून के पल।हाथ जोड़ कर प्राथना और दिप जलाकर पूजा करना चाहती हूँ।

38. जब बरसात होती है

कभी कभी अकेली होती हू कमरे मे तो सोचती हूँ कि काश...काश तुम साथ होते तो क्या बात होती।

जब बरसात होती है तो मेरा मन करता है की बाहें फैलाकर पूरा आसमां अपनी बाहों मे ले लू और सपने सजा लू तुम्हारे साथ।

तेज बरसात के बाद जब ठंडी हवा के झोंके आते तो चल देते छत पर खुले आसमां के नीचे....बिछाती एक चटाई जमीन पर और लेट जाते दोनो साथ मे। तुम लगाते तकिया और मै रखती अपना सर तुम्हारे कंधे पर।

फिर वो पवन के झोंको का उड़ाना मेरे बालों को....तुम्हारा हटाना उन्हे....मेरा शरमा जाना।

यूँही लेटे लेटे तारों को गिनना....किट-जंतुओ की अलग अलग आवाजें सुनना। उस धुंधलाए से अंधेरे मे एक दुसरे के एहसासों को टटोलने की कोशिश करना।

फिर एक दुसरे मे सिमटकर सो जाना, इतने क़रीब की हवा का एक झोंका भी न गुजरने पाए हमारे बीच से।

हम एक दुसरे मे डूबते इससे पहले ही बूंदो की बौछार पड़ने लगती और हम भागकर फिर अपने कमरे मे आ जाते।

सच तुम्हारा एहसास ही किसी जन्नत से कम नही गर मिल जाओ तो लगेगा की पूरा आसमां मेरा हो जाएगा।

39. सुनो....

यू तो तुम्हें नापसंद करने के कई बहाने है मेरे पास....और पसंद करने की वजह केवल एक..... तुम्हारा प्रेम...तुम्हारे प्रेम ने उन सारे बहानो को फीका कर दिया.....सच मै बहुत खुशकिस्मत हूँ जो इस जन्म मे (देर से ही सही) पर तुम मिले मुझे....कोई पुरानी अच्छाई ही है जो तुम मेरे हो.....

जानते हो जब भी तुम्हे देखती हूँ तो बस एक ही खयाल मन मे आता है की हर किसी के पास तुम्हारे जैसा एक साथी ज़रूर होना चाहिए जिससे अपने मन की बात करके हम मन हल्का कर सके....न जाने कितने राज थे मेरे जो अंदर ही अंदर खाए जाते थे मुझे, बार बार उछलते थे मन की दरारो में....पर अब तुमसे कहकर एकदम हल्का महसूस करती हूँ ।

पता है जब तुम मेरे साथ नही होते हो तब मै तुम्हे महसूस करने लगती हूँ.....उस एहसास को शब्दों मे बयां करना बड़ा ही मुश्किल काम है....

सूर्य की पहली किरण के साथ तुम्हारे प्यार की शुरूआत होती है और रात के तिसरे पहर तक कायम रहता है....तुम्हारे हर बात मे मेरी चिंता झलकती है....बाते तो आजकल बहुत कम हो रही है....और इस बीच तुम कहते तो कुछ नही पर... बहुत कुछ कह जाते हो अपने शब्दों मे....एक एक शब्द तुम्हारे मुझे तुमको और प्यार करने पर मजबूर कर देते हैं।

वो तुम्हारा गुस्सा करना, मेरी चुप रहनें पर....

वो नाराज़गी जताना,मेरे कुछ न कहने पर....

फिर वो तुम्हारा मनाना, मुझे उदास देखकर.....

और मुझे प्यार से सुलाना और खुद तब तक जागना जब तक निश्चिंत न हो जाओ की मै सो चुकी हूँ....इन सब मे मै खुद को बहुत ख़ुशनसीब समझती हूँ

लोग प्यार मे दिखावा चुनते हैं.... पर मैने चुना तुम्हारा सादापन... तुम्हारा भोलापन.... मेरे प्रति चिंता....और मेरे प्रति तुम्हारा अथाह प्रेम....!!

40. तुम्हारी दो गहरी आँखों में

मैंने हमेशा डूब जाना चाहा तुम्हारी दो गहरी आँखों में,
मैंने हमेशा सब कुछ कहना चाहा तुमसे,
लेकिन बस मौन सी रही मेरे होठों पर,
मैंने सोचा लगा लूँ तुम्हें अपने सीने से,
फिर कभी तुम्हे दूर न जाने दूँ,
तो लगा ये दुनिया है,
यहाँ लोग मुहब्बत नही समझते,
यहाँ बस लोगों को मतलब से ही मतलब है,
मैं हमेशा देखती हूँ तुम्हारा चेहरा तो,
भूल जाती हूँ अपने सारे दुःख दर्द और अवसाद,
बस खो जाना चाहती हूँ तुम में,
मैं जी भर के जीना चाहती हूँ तुम्हें,
अपने पूरे जीवन भर,
मैं घण्टों निहारना चाहती हूँ तुम्हारा चेहरा,
किसी नदी के किनारे बैठकर,
महसूस करना चाहती हूँ उन हवाओं की मुहब्बत,
जो तुम्हारे बदन को छू कर मुझे तक आएंगी,
मैं डूब जाना चाहती हूँ उस खुशबू में,
जो तुम्हारे बदन से आएगी,
मैं सौप देना चाहती हूँ स्वयं को तुम्हे ,
जब तुम छुओ मेरे तन को
चूमते समय बन्द रखना चाहती हूँ अपनी आँखें,
और तुम्हारी बाहों में खो जाना चाहती हूँ हमेशा के लिए....
मैं चाहती हूँ बनानी एक नई दुनिया,

जहाँ बस हम हों और बाकी हो हमारा प्यार...
जो कभी कम न हो...!!

41. आओगे न मिलने....?

सुनो न....सच कहती हूँ मै.....मुझे चांद तारो की ख्वाहिश नही है.....ना ही मुझे लालच है किसी गहनों की.....मै तो तुमसे चाहती हूँ बस समाजरहित प्रेम.....

उस प्रेम मे हमे किसी के बारे मे नही सोचना है.....बस तुम और मै....ना किसी की चिंता ना किसी का सोच और ना ही कोई डर....जब से तुमने कहा है कि तुम भी मुझसे मिलोगे....तब से मानो इंतजार की घड़ी खत्म ही नही हो रही है.....सोच रही हूँ की काश वो घड़ी जल्दी आए.....

सोचती हूँ कि....क्या वो पल होगा जब हम एक दुसरे के साथ मे होगें.....तुम करीब आओगे जब मेरे..... सांसो से सांसे टकराने लगेगी.....जैसे ही तुम्हारी सांसो की गरमाहट टकराएगी मेरे लबो पर....मेरे सीने की धडकनें बढ़ने लगेगी....आंखे शर्म से झुकी रहेगी....तुम बंद कर देना आंखे मेरी और दे देना सबसे कीमती तोहफा.....एक फूलों की माला(गजरा).....और लगा देना मेरी जुल्फो मे....बांधने के बहाने भर लेना अपनी आग़ोश मे.....

सच मै नही चाहती की तुम छोड़ो मुझे....मेरी ना के बाद भी.....चाहूंगी कि कस कर भर लेना....तुमको अपनी बाहों मे.....लगा कर सीने से सारी दूरियां कर दूंगी खत्म हमारे दरमियां की.....

सुनो हमे हमारे प्रेम के लिए किसी बंधन या किसी अग्नि की साक्षी की जरूरत नही.....हम तो एक दुसरे मे मिलकर....एक दुसरे के साक्षी बन जाएंगे.....और बन जाऊंगी हमेशा के लिए तुम्हारी.....बस तुम्हारी !!
आओगे न मिलने....?

42. बैठोगे न गुलमोहर के छांव तले....?

तुम्हारा प्रेम कुछ गुलमोहर सा है.....यू तो लोगों को किस्म किस्म के फूल पसंद है.....पर मुझे पसंद है गुलमोहर.....

वैसे तो इन फूलों में कोई महक नही होती.....पर फूल इनके बड़े मनमोहक होते हैं.....जैसे तुमको प्यार करने का तरीका नही आता पर.... प्यार बहुत करते हो मुझसे....

ये सडकों के किनारे....बागीचे मे या स्टेशनों की सूखी कठोर भूमि पर..... खड़े फैला लेती है अपनी शाखाएं..... पहला फूल निकलने के एक सप्ताह के भीतर ही पूरा वृक्ष गाढ़े लाल रंग के अंगारों जैसे फूलों से भर जाता है.....और रंगीन कर देता है माहौल..... जैसे मेरा रंगहीन जीवन.... तुम्हारे प्रेम से रंगीन हो गया....

गुलमोहर अपने ऊपर लाल-नारंगी रंग के फूलों की चादर ओढ़े भीषण गर्मी मे सहता है कितना कुछ....पर फिर भी उसके नीचे बैठने वालों की आँखों में ठंडक का अहसास देता है...वैसा ही एहसास मुझे तुमसे बाते करके मिलता है....

इस गुलमोहर तले मैने कई शामें गुजारी है....उन शामो मे कुछ बेशकीमती यादें भी है....उन लम्हों मे मैने देखे है तुम्हारे ख्वाब.....मेरे प्रेम के साक्षी ये गुलमोहर ही तो है.....जो गवाही देगें तुम्हे...कि मैने तुम्हे खोजने मे कितने जन्म लगा दिए.....

सुनों न.....हम मिलेंगे कभी गुलमोहर की छांव तले.....बैठकर खूब सारी बाते करेंगे.... बुनेगें ख्वाब एक दुसरे के लिए....तुम चुनकर गुलमोहर के फूलों से भर देना आंचल मेरा....!!

बैठोगे न गुलमोहर के छांव तले....?

43. जो तुम दे न सको

तुम्हे पता है कभी कभी मेरा मन करता है कि मै भी तुम्हे सुनूं.....पर तुम कभी कुछ कहते ही नही....मेरा भी मन करता है कि औरों की तरह कभी तुम भी तारीफ करो मेरी.... पर उसे तुम मेरी बचकानी बातें कहकर टाल देते हो....और कभी तुम्हारी बाते बुरी लग जाए तो....तुम्हारी डांट के डर से नाराज भी नही हो पाती मैं....

पता है जिस तरह से तुम सीरियस रहते हो न प्यार मे?....सच मन करता है तुझको आईसीयू मे भर्ती कर दू....छोटी छोटी बचकानी हरकतें ही तो प्यार को जिंदा रखती है....पर नही तुम्हे तो टिपिकल टाइम टेबल वाला प्यार करना है।

तुमसे नाराज भी होना चाहती हू ताकि कभी तुम मनाओ मुझें.....माना की ये रूठना मनाना निब्बा निब्बी का काम है.....पर हां एक सच यह भी है कि अच्छा लगता है जब तुम गुस्सा करते,मेरे देर तक जागने पर,मेरे ना खाने पर,मेरे रोने पर....या मेरे उदास होने पर

जब इतना सब कुछ करते हो तो कभी प्यार भी कर लिया करो.....मै गुस्सा हू तो मनाया करो.....क्या मांगती ही हू मानने के लिए....? बस थोड़ा सा प्यार....कोई इतना महंगी चीज तो मांगती नही....जो तुम दे न सको।

44. सुनो....

मोती के माला की तरह
टूट कर बिखर रहा है जीवन,
छिन्न भिन्न सा हो गया है हृदय,
मृत समान हो रहा है मन
कमजोर पड़ रही है ,
दिलो की धड़कन
सुनो....
जोड़ लो न एक धागे मे मुझे
या समेट लो अपनी बाहों मे....
ताकी मै पुनर्जीवित हो जाऊं!!

45. मेरे इस जीवन का सूकून हो तुम!!

न जाने क्यूँ बहुत याद आ रहे हो तुम....

कभी सोचा न था कि उससे इतना प्यार हो जाएगा....बात किए
बिना रहा न जाएगा.....

यू तो मेरी आंखो मे तुम ही बसे हो....पर ऐसा लगता है कि देखे
तुमको जमाना हो गया....सुनो न....एक बार आकर गले लगा लो
न.....सारी तकलीफें मेरी दूर हो जाएगी.....

चाहती हूँ बस एकटक तुमको निहारना....कुछ कहना नही है.....बस
एक नजर भर कर देखना चाहती हूँ....दोनो हाथो को तुम्हारे गालों
पर रखकर....तुम्हे प्यार करना चाहती हूँ....

तुम्हारे माथे पर अपने होठों का एहसास दिलाना चाहती हूँ....तुम्हारे
अधरों पर अपने अधर रख प्यास मिटाना चाहती हूँ.....तुम्हे सीने
से लगाकर प्यार जताना चाहती हूँ ....

बस सबूत न मांगना तुम मेरे प्रेम का....शायद दे न पाऊं....क्योंकि
मोहब्बत साबित नही महसूस की जाती है, पर हाँ तम कौन हो ये
जरूर बता सकती हूँ....

मेरे इस जीवन का सूकून हो तुम!!

46. हमारी चाहते

हमारी चाहते,हमारी सोच,हमारी इच्छाए क्या है ये सारी बाते हम आसानी से हर किसी को नही बता पाते।

अब तक हमने यही सुना है कि "महिलाओं के मन की कोई नही समझता"पर "पुरूषो के मन मे क्या चल रहा है?" मुझे लगता है कि यह भी एक बड़ा शोध का विषय है।

ऐसा नही है की महिलाएं अपने मन की बात सब से कह देती है परंतु कोई कभी मन की सुनने वाला कोई मिले तो भावुक हो कर कह देती है।

कहना तो पुरुष भी चाहते हैं पर बड़ी मुश्किल होती है इनको अपने मन की भावनाएं किसी के सामने प्रकट करने मे।

मुश्किल ये है की ये अपने घर के बेटे होते हैं....जिनपर जिम्मेदारी होती है....

घर के हर एक सदस्य के ख़्वाहिशों को पूरा करने की....जिसमे वो अपनी ख्वाहिश भूल जाते है

गर वो चाहे किसी से प्रेम का इजहार करना तो वो डरते हैं कि कहीं उनके प्रेम को हवस न बना दिया जाए

वो चाहे अपनी कोई पसंदीदा गाड़ी खरीदना तो सोचते हैं की कही कोई स्वार्थी न कहने लगे

अपनी हर ख़्वाहिशों को मारने की आदत इन्हे भी बचपन से ही दे दी जाती है कि

"तुम घर के बेटे हो,तम सब की उम्मीदें पूरी करोगे"

"तुम्ही हमारा घर लेने का सपना पूरा करोगे"

"कभी किसी के आगे झुकना नही"

"तुम पुरुष हो रो नही सकते"

"किसी से दुखड़ा कहोगे तो सब हसेगें"वगैरह वगैरह

पर सुनो तुम्हे मेरे साथ मिला है.....मै तुम्हे समझती हूँ....तुम मेरा

आगे रो सकते हो.....अपने प्रेम का इज़हार कर सकते हो.....अपनी

ख्वाहिशो और अपनी चाहतो को मुझसे साझा कर सकते हो....

मै तुम्हारे सामने झुकना चाहती हूं

तुम्हे अपनी गोद मे सुलाना चाहती हूँ

तुम्हे कांधे पर उठाकर मस्ती करना चाहती हूँ

यकीन मानो मै उन पुराने जमाने वालो की सोच की तरह तुम्हे

ताने नही मारूंगी बल्कि वो पुरानी सब रीत बदल दूंगी.....सब कुछ

नया सा कर दूंगी।

बस तुम साथ देना!!

47.
#बेनाम_सा_खूबसूरत_रिश्ता

क्या सच मे ऐसा कुछ होता है?

क्या शादी शुदा लोगो को इश्क नही हो सकता?

क्या किसी एक से प्रेम करते हुए किसी और की तरफ हम आकर्षित नही हो सकते?

शायद कुछ लोगों का जवाब होगा ''ना''

पर मुझे ये गलत नही लगता.....अगर आप अपने शादीशुदा जीवन मे लाख कोशिशो के बाद भी खुश नही है तो यदि कुछ पल किसी के साथ प्यार से बिताने मे आपको सूकून मिलता है तो मुझे इसमें कोई बुराई नही लगती।

हम क्यू किसी को जज करें की....यह औरत चरित्रहीन है या वो पुरूष बहुत ही गंदा है।

इंसान को हर चीज की जरूरत होती है चाहे वो मानसिक को,आर्थिक हो या शारीरिक.....हर चीज को टालते रहने की एक अवधि होती है।इन तीनों का एक अपनी अपनी अलग अलग जरूरते होती है।

अगर हम आर्थिक मदद के लिए किसी रिश्तेदार,मित्र या किसी अपने से सहायता ले सकते हैं,अगर मानसिक रूप से ठीक होने के लिए किसी डॉक्टर के पास जाते हैं तब कोई दिक्कत नही है.....इसी तरह यदि हम अपनी शारीरिक जरूरतों को पूरी करने के लिए किसी खास(जिनसे आपका मन मिलता हो) के पास चले गए तो वह चरित्रहीनता मे क्यू गिना जाता है?

हर रात पति से पीट कर उसके बिस्तर पर पड़ी रहे या पत्नी से इज्जत-प्रेम न मिलने पर भी पत्नी की सारी इच्छाएं पूरी करे तो ठीक.....और यदि एक पल सूकून का अपने लिए किसी और के साथ बिता लिया तो गलत क्यूँ?

सच कहूँ तो जिंदगी मे एक ऐसा रिश्ता होना चाहिए....जिससे हम जब बाते करे तो उसमे इस जीवन की कोई उलझन ना हो.....जिसमे हम बस एक दुसरे की बाते समझे....उनकी इच्छाएं समझे.....हर रिश्ता बंधकर ही नही निभाया जाता है.... कुछ रिश्ते बेनाम ही अच्छे लगते हैं।

48. प्यार एक भावना है

प्यार एक भावना है इस वजह से प्यार को देखा नहीं जा सकता पर महसूस किया जा सकता है।

प्यार कैसे होता है? इसका कोई जवाब नहीं है क्योंकि प्यार किया नहीं जाता यह तो एक ऐसा एहसास है जो हमें किसी के प्रति महसूस होता है.... हम चाह कर या ना चाह कर किसी से प्यार नहीं करते।

कई बार आपने यह चीज देखी होगी कि आपको बाजार में कोई चीज पसंद आ जाती है। आप उस चीज से मोहित हो जाते हैं और उसे खरीद लेते हैं।

कई लोगों की प्यार को लेकर भी यही सोच है....वे यह मानते हैं कि अगर उनकी आंखें किसी चीज को देखकर मोहित हो रही है तो वह प्यार है.... पर ऐसा नहीं होता ।

प्यार बहुत ही अलग तरह का एहसास होता है।

प्यार में जिद जैसी कोई चीज नहीं होती....क्योंकि यह कहा जाता है कि प्यार का दूसरा नाम त्याग होता है।

पता नही तुम्हारा हमारा साथ कब तक होगा? कहाँ तक होगा? पर जब तक साथ है बस तुम्हारे हाथों को थामकर आगे बढ़ना चाहती हूँ

ये बात हम दोनो बखूबी समझ गये हैं की हम दोनो मे से किसी एक को त्याग करना ही पडेगा परंतु आने वाले कल की वजह से हम आज दुखी रहे....ये तो गलत बात है.....तो जब तक है साथ कर लो प्यार।

49. सच्चे प्यार का एहसास

प्यार को इस दुनिया का सबसे खूबसूरत एहसास माना जाता है। प्यार में पड़ने वाला हर व्यक्ति खुद को दुनिया का सबसे खुशनसीब इंसान समझता है। आज के समय मे अगर आपको सच्चा प्यार करनें वाला व्यक्ति मिल जाता है यो वाकई में आप काफ़ी खुशनसीब हैं।

कहा भी गया है कि इस दुनिया मे सच्चा प्यार बहुत कम लोगो के ही नसीब में होता है। जिसे सच्चा प्यार मिला हो, बल्कि वो खुशनसीब है जिसका प्यार जीवनभर उसके साथ हो।

अक्सर ऐसा देखा गया है कि लोगो को इस दुनिया मे उनका सच्चा प्यार तो मिल ही जाता है लेकिन उनमें से बहुत कम लोग ही ऐसे होते है जिनका प्यार जीवन भर उनके साथ होता है।

जितना खूबसूरत एहसास किसी ऐसे के साथ रहने का होता है जो कि आपको दिल से प्यार करता है उतना ही बुरा अनुभव तब होता है जब हमें अपने प्यार से जुदा होना पड़ता है। प्यार की राह में मिलना और बिछुड़ना तो होता ही है। कई बार हमें अलग-अलग कारणों से अपने प्यार से दूर होना पड़ता है। जो कि वाक़ई में काफ़ी दुखदायी होता है।

लेकिन इससे ज्यादा दुख तब होता है जब हमें प्यार में धोखा मिलता है। लेकिन आपको हम बता दे कि..... वो प्यार कभी सच्चा हो ही नही सकता जिसमें आपको धोखा मिल जाये। अगर आपको प्यार में धोखा मिलता है तो आप इस बात को समझ जाए कि ये आपका सच्चा प्यार था ही नहीं।

लेकिन प्यार कैसा भी हो, अगर हमने किसी के साथ दिल लगा लिया और फिर हमें उससे धोखा मिलता है तो इससे काफ़ी

तकलीफ़ होती है। अगर हमने किसी से सच्ची मोहब्बत की हो हम उसे कभी भी नही भूल पाते हैं, फिर चाहे उस व्यक्ति ने हमारे साथ धोखा ही क्यों ना किया हो।

प्यार में किसी से धोखा मिलना कितना दर्द भरा होता है वो सिर्फ़ वहीं जान सकता है जिसे की इसमें धोखा मिला हो।

हमने कई बार देखा है कि लोग प्यार में धोखा खाने के बाद काफ़ी दुखी हो जाते हैं। उनके लिए अपने प्यार को भूलना काफ़ी मुश्किल हो जाता है, वो अपने इस ग़म से बाहर नहीं निकल पाते हैं। इस तरह से किसी की याद में घुट-घुटकर जीना काफ़ी पीड़ादायक होता है।

ऐसे में इन लोगो के लिए हमारी यही सलाह है कि आप खुद को ये समझाने का प्रयास करें कि जो आपको छोड़कर चला गया वो कभी आपका सच्चा प्यार हो ही नहीं सकता!!

50. तुम्हारा साथ

मै प्रेम करना नहीं जानती थी....

मै वो लड़की....जो प्रेम की परिभाषा को समझने से हमेशा इंकार
करती रही....

परंतु जब मुझे प्रेम हुआ....तो मेरा जीवन पल भर में बदल
गया....!!

अब मै वो प्रेमिका बन चुकी हूँ जो.....

जो....उससे बात करने वाली हर लड़की से जलती हूँ.....

जो....हर वक्त उसके साथ रहने वालों दोस्त को गाली देती हूँ

जो.....परेशान हो जाती है उसकी परेशानी में.....

वो प्रेमिका जो....अपने प्रेमी की तस्वीर को छुपाया

करती हूँ फोन की गैलेरी में....

उसके दिए हुए प्यार भरे संदेसो को लिखा करती हूँ.....

अपनी कविताओं मे.....

अपने आप की होने से पहले तुम्हारी हो जाती हूँ.....

बिलकुल निस्वार्थ मन से और मांगती हूँ दुआएं अपने प्यार की
सलामती के लिए.....

जपती हूं तुम्हारा नाम किसी संगीत के गीत की तरह....

अगर मैं ऐसी हूँ तो.....

तुमको परस्पर बताना होगा मुझे कि.....

मैं इस दुनिया की सबसे खूबसूरत लड़की हूँ.....

कहना होगा तुमको कि.... मेरे साथ ने कैसे तुम्हारे जीवन को पूरा
कर दिया है.....

क्यूंकि....

मैं प्रेम में अपना सब कुछ सौंप देती हूँ....

अपने आप को तुमको ..... और अगर बदले में
कुछ चाहती हूँ.....तो वो है....
तुम्हारा का साथ.....
और सिर्फ साथ.....!!

अध्याय 51

52. न जाने क्यों कुछ दिनों से मन उदास है...

न जाने क्यों कुछ दिनों से मन उदास है....हुआ क्या है पता नही.....बस कुछ भी अच्छा नही लगता.....तुमसे भी ठीक से बात भी नही हो पा रही है....खैर किसी से बात करने का मन नही हो रहा.....

कामों मे इतना व्यस्त रहती हूँ की समय नही दे पा रही तुमको शायद.....या यूं कहूं कि कोई बाते नही रहती करने के लिए तो समझ न आता कि क्या बात करूँ.....इसी कारण डरती हूँ की....कहीं दूरियां न आ जाए हमारे दरमियां.....

सुनो न....बहुत मन करता है तुमसे बात करने का.... पर....मेरा मुरझाया चेहरा और उदासी भरी आवाज तुमको और भी ज्यादा परेशान कर देती है.....इसलिए बहुत कम बात करती हूँ.....पर यकीन मानों कोई तकलीफ नही है मुझे....बस पता नही क्या हुआ है....

शाम होते ही तुम बहुत याद आ रहे हो....पर बाते कुछ नही है तो क्या बात करूँ?

बस मन करता है कि.... किन्ही हसीं वादियों मे जाए....

जहां.....झरने की कलकल हो....चिड़ियों की चहचहाट हो....हवाओं की सनसनाहट हो.....और कोई न हो....वहां बस मै और तुम रहे.....

मै पीछे से पकड़कर तुमको....आंखे बंद करके....बस तुमसे चिपकना चाहतीं हूं....सामने से सीने लगूंगी तो.....रो दूंगी शायद....

53. प्रेम

असल मे प्रेम होता क्या है ये परिभाषित करना बहुत ही कठिन है। अक्सर लोग सोचते हैं कि किसी को दैहिक सुख देकर या आर्थिक सुख देकर या मानसिक सुख देकर हम किसी का भी प्रेम पा सकते हैं तो ये गलत है मुझे नही लगता केवल शारीरिक,आर्थिक और मानसिक रूप से से आप किसी का प्रेम पा सकते हैं। परंतु इसका आशय यह नही कि आप किसी को प्रेम ही न करे

मुझे नही लगता की एक दुसरे के पास या एक दुसरे के साथ रहकर हो प्रेम किया जा सकता है। पर इसका मतलब ये नही की आप एक दुसरे से से दूर हो जाए।

प्रेम मे ये नही सोचा जाता की इसको कितनी खुशियाँ दू?या इसके क्या कर दू की ये खुश हो जाए?

प्रेम किसी के खुश करने का नाम नही है

किसी को सुख देने का या किसी से सुख पाने की चाह प्रेम नही है। इसका अर्थ ये नही की तुम उसे दुखी करो उसे रूलाओ।

मुझे तो लगता है कि यदि हम किसी से प्रेम करते है तो उसके विषय मे बस ये सोचना चाहिए कि "कैसे इसे आगे बढाऊँ?"

यदि उसे आसमान को छूना है तो उसके लिए आसामन तक पहुचने का रास्ता आसान कैसे बनाऊं?

कैसे उसे उंची से उंची ऊंचाइयों तक पहचाऊं?

और जब वो उस उंचाईयों पर पहुंच जाए और उड़ने लगे तब उसे पूरे आसमान मे पंख फैलाकर उड़ते देखना यही प्रेम है।

54. क्या एक उम्र के बाद या शादी के बाद प्रेम गलत है?

क्या एक उम्र के बाद या शादी के बाद प्रेम गलत है?

तो मेरा जवाब है, नहीं...... यह कहीं से गलत नहीं है।

मैं नहीं मानती कि प्रेम का कोई भी स्वरूप ग़लत हो सकता है। ये रिश्ते-नाते, बंधन और नियम-कानून सब इंसानों के बनाये हुए हैं मगर प्रेम नहीं।

प्रेम ईश्वर का बनाया सबसे पवित्र भाव है। जो हमें पूर्णता की और ले जाता है।

वैसे भी आप और हम कौन होते हैं ये तय करने वाले की प्रेम का ये स्वरूप जायज़ है और ये नाज़ायज़।

कहां और, किस ग्रंथ या किताब में ये नियम लिखे गए हैं कि फलां उम्र के बाद आप प्रेम में नहीं पड़ सकते या शादी हो जाने के बाद आपके मन में किसी और के लिए 'प्रेम' की भावना नहीं जन्मेगी?

लोग अक्सर कहते हैं कि फलां 'शादी-शुदा' होते हुए भी किसी और से प्यार करने लगा/करने लगी।

मुझे कोई ये समझाओ कि क्या शादी का मतलब मन में उठने वाली तमाम तरह के भावनाओं का समाप्त हो जाना है या सारे आकर्षण सब मोह-माया से परे हो जाना है?